BEI GRIN MACHT SICH IHR
WISSEN BEZAHLT

AF167181

- Wir veröffentlichen Ihre Hausarbeit,
  Bachelor- und Masterarbeit

- Ihr eigenes eBook und Buch -
  weltweit in allen wichtigen Shops

- Verdienen Sie an jedem Verkauf

Jetzt bei www.GRIN.com hochladen
und kostenlos publizieren

Grundpraktikum an einem Gymnasium. Ein Praktikumsbericht

P. Sarich

Bibliografische Information der Deutschen Nationalbibliothek:

Die Deutsche Nationalbibliothek verzeichnet diese Publikation in der Deutschen Nationalbibliografie; detaillierte bibliografische Daten sind im Internet über http://dnb.d-nb.de abrufbar.

ISBN: 9783346544933
Dieses Buch ist auch als E-Book erhältlich.

© GRIN Publishing GmbH
Nymphenburger Straße 86
80636 München

Druck und Bindung: Books on Demand GmbH, Norderstedt Germany
Gedruckt auf säurefreiem Papier aus verantwortungsvollen Quellen

Das Buch bei GRIN: https://www.grin.com/document/1138758

Technische Universität Dresden

Fakultät Erziehungswissenschaften

Wintersemester 19/20

Orientierungswissen Erziehungswissenschaften

Praktikumsbericht

Grundpraktikum

P. Sarich

1. Fachsemester: Lehramt an Gymnasien Geschichte Englisch

Prüfungsnummer: 1102

Inhaltsverzeichnis

1. Einleitung

Die Arbeit mit Kindern und Jugendlichen fasziniert mich schon seit ich mein erstes Praktikum an einer Grundschule absolvierte. Dieser erste Einblick zeigte mir, dass der Lehrerberuf viel komplexer ist, als er von außen scheint und mein Interesse für dieses Berufsfeld wurde geweckt.

Ich begann das Grundpraktikum mit dem Ziel, mehr über den Lehrerberuf an Gymnasien zu erfahren und neue Einblicke in die Arbeit mit älteren Kindern zu erhalten. Besonders hat mich dabei die Arbeit und das Unterrichten mit Kindern in der Pubertät interessiert und wie Lehrer mit dieser doch recht schwierigen Phase umgehen. So habe ich mir das Ziel gesetzt, genau diese Schüler-Lehrer-Beziehung während des Unterrichts zu beobachten. Durch diese Zielsetzung wurde mir auch schnell klar, dass ich mich auf das Themenfeld „Lehrerleitbild: Aufgaben von Lehrerinnen und Lehrern" konzentrieren möchte.

Während meines Praktikums habe ich die Erfahrung gemacht, dass viele Schüler im pubertären Alter kaum Interesse an der Schule haben und sich schwierig motivieren lassen. Nur selten zeigten sie Interesse am Unterrichtsstoff und die Lehrer, vor allem die jüngeren, hatten Schwierigkeiten, eben jene Schüler zu motivieren. So stellte ich mir die Frage: Wie können Lehrer ihre Schüler dazu bringen, motiviert am Unterricht teilzunehmen?

Das Praktikum habe ich an einem Gymnasium in Cottbus absolviert. Das Gymnasium entstand 2006/2007.

Das Gymnasium besteht aus drei verschiedenen Gebäuden: dem Haus A, in dem hauptsächlich Sprachen und Gesellschaftswissenschaften unterrichtet werden, dem Haus B, in dem die Naturwissenschaften unterrichtet werden, und einer großen Sporthalle. Die Gebäude sind gelblich angestrichen und haben jeweils drei Stockwerke mit einem Keller. In beiden Gebäuden befinden sich Kantinen für die Schüler. Dem Haus A wurde die Aula angefügt. Der Hof ist weiträumig und bietet Platz für verschiedene Aktivitäten und Orte zur Entspannung für die Schüler. So befindet sich auf dem Hof ein Volleyballfeld, ein Fußballfeld, Tischtennisplatten, ein Kletterplatz, viele Sitzbänke und ein offener Theaterplatz. Hinter der Schule befindet sich ein großer Sportplatz, welcher von mehreren Schulen in Cottbus genutzt wird. Die Schule besitzt eine Bahn- und Busverbindung direkt hinter den Parkplätzen am Haus A und ist so gut zu erreichen, auch wenn man außerhalb von Cottbus wohnt.

Schüler haben am Gymnasium die Möglichkeit, sich nach dem Unterricht verschiedenen Arbeitsgemeinschaften zu widmen. So wird die Möglichkeit geboten, nach dem Schultag Volleyball zu spielen, Robotertechnik zu lernen oder sich einem Musikinstrument zu widmen. Die Schule bietet auch die Möglichkeit zur Teilnahme an verschiedenen Projekten, wie Fremdsprachwettbewerben oder dem Dienst im Schulsanitätsdienst in direkter Partnerarbeit mit den Johannitern.

Zur Sicherung der Anonymität wurden alle Namen im Praktikumsbericht geändert.

2. Methodische Vorgehensweise

Vor dem Beginn meines Praktikums war ich mir noch nicht sicher, auf welche Fragestellung ich mich konzentrieren möchte. Ich habe mich daher dazu entschieden, vorerst ein paar Tage im Praktikum zu verbringen und mich dann festzulegen.

Während meines Praktikums habe ich die meiste Zeit in der hintersten Reihe des Raumes gesessen und konnte daher die ganze Klasse und die Lehrkraft beobachten. Ich habe mich darauf konzentriert, die Interaktionen zwischen Schülern und Lehrkraft und die Unterrichtsgestaltung zu erfassen und zu notieren. Ich habe die wichtigsten Elemente einer jeden Unterrichtsstunde in Stichpunkten notiert und Strichlisten über Schülermeldungen geführt. Zudem habe ich notiert, wie die Lehrer auf unmotivierte Schüler und Schüler mit Problemen reagieren.

Nach den jeweiligen Unterrichtsstunden habe ich eigene Fragen mit der Lehrkraft besprochen und über den Lehrerberuf, im Allgemeinen, Fragen gestellt. Oft sind die Lehrer in ruhigen Minuten auch zu mir gekommen, haben mir hilfreiche Tipps für die Zukunft gegeben und ihre Erfahrungen und Erlebnisse mit mir geteilt.

3. Durchführung

3.1 Aufgaben während des Grundpraktikums

Wie ich meine Praktikumszeit gestalte war mir komplett freigestellt. Sollte ich eine bestimmte Tätigkeit oder Aufgabe übernehmen wollen, konnte ich meine Unterstützung anbieten.

Ich habe den größten Teil meines Grundpraktikums im Unterricht verbracht. Da dieses Grundpraktikum das erste Praktikum im Lehramtsstudium darstellt, wollte ich auch andere Unterrichtsfächer besuchen, die nichts mit meinen Hauptfächern zu tun haben. So habe ich neben dem Englisch- und Geschichtsunterricht auch den Politik-, Deutsch- und Lateinunterricht besucht. Weiterhin habe ich in den Mittagspausen an der Pausenaufsicht teilgenommen.

Während ich den Unterricht besuchte, habe ich die Lehrer-Schüler Interaktionen und die Unterrichtsgestaltung beobachtet. Des Weiteren konnte ich mich einbringen, indem ich bei Gruppenarbeiten die Schüler bei Fragen unterstützte oder als Ansprechperson bei Fragen zum Abitur zur Verfügung stand.

Obwohl es nicht das Ziel des Grundpraktikums war, wurde mir angeboten, eine eigene Unterrichtsstunde zu halten. Diese Chance habe ich natürlich sofort ergriffen und konnte daher an meinem letzten Praktikumstag eine Unterrichtsstunde im Fach Geschichte halten.

3.2 Praktikumsverlauf

Nachdem mein Praktikumsantrag angenommen wurde, traf ich mich mit dem Schulleiter eine Woche vor Praktikumsbeginn, um die Einzelheiten des Praktikums zu besprechen. Der Schulleiter stellte mir frei, mein Praktikum selbst zu gestalten und verwies mich daher direkt an meine beiden Mentorinnen, mit denen ich besprechen sollte, welchen Unterricht ich besuchen und welche Nebentätigkeiten ich übernehmen möchte. Meine Studienplanung im ersten Semester erlaubte es mir, das Praktikum innerhalb von vier Wochen am Montag und Freitag zu absolvieren. Daher einigte ich mich mit meinen Mentorinnen darauf, am Montag vier Stunden und am Freitag fünf Stunden zu absolvieren.

An meinem ersten Praktikumstag war ich während des ersten Stundenblocks, welcher von 08:00 bis 09:30 ging, im Englischunterricht der 8. Klasse von Frau S, meiner Mentorin. Ich saß während dieses ersten Blocks in der hintersten Reihe und beobachtete die Interaktionen zwischen Frau S und den Schülern. Frau S bat mich darum, ihren Unterricht nur zu beobachten. Ich war damit völlig zufrieden, da ich mir selbst einmal ein Bild von den Klassen machen wollte, bevor ich meine Unterstützung anbiete und das eigentliche Ziel des Grundpraktikums nur die Reflektion der Berufswahl und ein Perspektivwechsel ist. Meine Mentorin kam während der ruhigen Arbeitsphasen zu mir und erzählte mir von ihrer Klasse und einigen Unterrichtsmethoden, die sie anwendet.

Nach diesem spannenden ersten Einblick in den Englischunterricht, ging ich in den Lateinunterricht der 8. Klasse. Da mich der Lehrer bereits aus der Abiturphase kannte, bot er mir seit der ersten Stunde an, ihn zu unterstützen. Ich nahm dieses Angebot mit Freuden an und setzte mich erneut in die hinterste Reihe. Der Unterricht begann mit Änderungen im Sitzplan, weil Herr M die allgemeine Unruhe in der Klasse unterbinden wollte. Dies stieß natürlich auf Wiederstand durch die Schüler. Als beunruhigend empfand ich dabei den fehlenden Respekt der Schüler gegenüber Herrn M, denn meiner Empfindung nach hatte man früher in der 8. Klasse großen Respekt vor den Lehrkräften. Man ist natürlich hin und wieder aneinandergeraten, aber so stark wie in diesem Fall geschah es sicherlich nie. Dieser Wiederstand führte dazu, dass Herr M Klassenregeln aufstellen wollte, die die Schüler für gutes Benehmen belohnen und bestrafen, sollten sie gegen die Regeln verstoßen. Er ließ die Schüler bei diesen Regeln mitentscheiden und ihre Ideen miteinbringen. Die Schüler waren sofort Feuer und Flamme bei diesem Angebot und stellten einige sinnvolle und viele sinnlose, spaßige, Regeln auf. Nach ungefähr einer Viertelstunde wurden zehn Regeln aufgestellt, aber noch keine Bestrafungen, sollten Schüler diese Regeln brechen. Herr M fragte mich daher, welche Ideen ich hätte. Meine Idee war angelehnt an meine Erfahrungen aus dem Lateinunterricht aus der 8. Klasse. Ich schlug vor, dass Schüler, die gegen die Regeln verstoßen, zur mündlichen Kontrolle an die Tafel müssen. So wurde es früher bei meiner Lateinlehrerin geregelt. Das ist ein hartes, aber effektives System. Dies sorgte natürlich dafür, dass ich mir einige scharfe Blicke der Schüler einfing, aber Herr M war zufrieden mit meiner Idee und implementierte diese. Nach diesen organisatorischen Dingen begann der Unterricht. Ich beobachtete, wie Herr M seinen Unterricht führt und verglich diese Beobachtungen mit meinen Erinnerungen von seinem Unterricht in der Abiturphase. Zudem notierte ich mir, wie oft Herr M seine Regeln durchsetzte. Zu meiner Überraschung tat er dies sehr selten, was mich zu der Frage führte, warum er sie nicht konsequent realisierte. Nach dem Unterricht hinterfragte ich dies bei Herrn M und er erzählte mir, dass er dies tat, um die Schüler nicht zu demotivieren. Herr M meinte, dass es ineffektiv sei die Klasse mit einer „eisernen Faust" zu führen, gerade bei jungen Schülern, die am Beginn der Pubertät stehen. Das machte für mich Sinn und ich notierte diese Aussage. Danach bot mir Herr M an, ihn auf dem Pausenhof zu unterstützen und über den nachfolgenden Geschichtsunterricht mit der 11. Klasse zu reden, was ich gerne annahm. Der erste Praktikumstag endete mit Herrn Ms Angebot, an meinem letzten Praktikumstag selbst eine Unterrichtsstunde in der 11. Klasse zu halten. Obwohl es nicht das Ziel des Grundpraktikums war, selbstständig zu unterrichten, nahm ich es dennoch an, da es eine exzellente Möglichkeit für einen Perspektivwechsel darstellte und weil die Erfahrung, selbst zu unterrichten, bei der Reflektion meiner Berufswahl helfen könnte.

Meinen zweiten Praktikumstag verbrachte ich erneut bei Herrn M und bei Frau S und beobachtete weiterhin, wie beide Lehrkräfte mit ihren Schülern umgingen und den Unterricht gestalteten. Ich unterhielt mich mit einigen Schülern während der Pausenzeiten und fragte sie, wie sie den Unterricht warnahmen.

An meinem dritten Praktikumstag besuchte ich, nach dem Englischunterricht von Frau S, den Deutschunterricht von Frau K, um einen Einblick in die Fachrichtung zu bekommen und zu beobachten, wie verschiedene Lehrer mit denselben Klassen umgehen. Ich bekam einen näheren Einblick in Frau Ks Unterrichtsmethoden und unterhielt mich mit ihr über mögliche Probleme im Studium. Im darauffolgenden Block besuchte ich den Englischunterricht einer anderen Lehrerin, Frau W. Ich beobachtete, wie sie ihre Klasse führte und sie gab mir viele hilfreiche Tipps und Hinweise für die folgenden Studienjahre und den Lehrberuf.

Der vierte Praktikumstag bestand aus dem Geschichtsunterricht von Herrn M und dem Politikunterricht von Frau Mü. Ich unterstütze die Schüler an diesem Tag wieder bei Fragen zum Abitur und half den Lehrern auf dem Pausenhof aus. Dieser Tag war auch der Einzige, an dem ich mich mit den Lehrkräften im Lehrerzimmer einfand und mit ihnen über die verschiedenen Aspekte der Unterrichtsgestaltung sprach. Die Lehrkräfte erzählten mir auch einige Anekdoten aus ihrem Studium.

Am fünften Tag meines Praktikums war ich erneut bei Herrn Mü und seiner Lateinklasse. Die Schüler hielten Vorträge zu verschiedenen Themen aus der momentanen Lateinlektion und Herr Mü bat mich, ihn bei der Bepunktung zu unterstützen, indem ich ihm meine Meinung zu bestimmten Bewertungskriterien mitteilen sollte. Nach dem Unterricht besprachen wir auch noch die Unterrichtsstunde, die ich an meinem letzten Praktikumstag halten und welches Thema ich behandeln sollte. Herr Mü überreichte mir einige Unterrichtsmaterialien und gab mir völlige Entscheidungsfreiheit über die Unterrichtsgestaltung. Noch am selben Abend bereitete ich die Unterrichtsstunde vor und schickte ihm meine Materialien, mit denen er einverstanden war.

Der sechste und letzte Praktikumstag bestand aus der Unterrichtshospitation bei Frau S und meiner ersten eigenen Unterrichtsstunde. Diese Geschichtsunterrichtsstunde führte ich mit der 11. Klasse. Das zu behandelnde Thema war die Auswirkungen der französischen Revolution auf Europa. Ich begann die Stunde mit einer Kartenbeschreibung. Die Schüler sollten beschreiben, was sie auf der Europakarte sahen und dadurch auf die Stundenfrage hinleiten. Da ich, sowohl theoretisch als auch praktisch, noch keine Erfahrungen mit Stundeneinleitungen hatte, gelang dies eher weniger und ich übersprang diesen Punkt recht schnell. Danach gab ich den Schülern die Aufgabe, in ihren Büchern die einzelnen Abschnitte der Auswirkungen der französischen Revolution kurz zusammenzufassen und ihre Ergebnisse in der Klasse vorzustellen. Als abschließende Aufgabe gab ich den Schülern ein Zitat von Hans-Ulrich Thamer, welches sie in der Klasse diskutieren sollten. Insgesamt hatte ich 45 Minuten Zeit und hielt, trotz des kleinen Fauxpas während der Unterrichtseinleitung, die vorgegebene Zeit perfekt ein. Nachdem ich die Schüler verabschiedete, gab mir Herr M ein kleines Resümee. Seiner Meinung nach gestaltete ich die Stunde sehr gut und vermittelte das Thema den Schüler ansehnlich. Die fehlgeschlagene Unterrichtseinleitung war in seinen Augen natürlich ein kleiner Dämpfer, aber nichts, was man nicht mit Übung ausbügeln könnte.

3.3 Praktikumsresümee

Insgesamt habe ich mich während des Praktikums sehr willkommen gefühlt. Die Lehrkräfte haben mich wie einen Kollegen behandelt und auch so betitelt. Während vorherigen Praktika wurde ich von den Lehrkräften immer mit dem Vornamen angesprochen, aber während dieses Praktikums sprach mich jeder, ob Schüler oder Lehrkraft, mit dem Nachnamen an, was in mir ein Gefühl von Stolz erweckte. Ich konnte es mir richtig vorstellen, eines Tages selbst als richtiger Lehrer an einer Schule angestellt zu sein.

Durch dieses Praktikum bot sich mir die Möglichkeit, einen Perspektivwechsel durchzuführen. 12 Jahre lang, abgesehen von meinen anderen Schulpraktika vor dem

Studium, war ich immer nur in der Rolle des Schülers. Das Praktikum zeigte mir, dass hinter dem Lehrerberuf viel mehr steckt als man auf den ersten Blick annimmt. Die Vielfalt der Aufgaben der Lehrkräfte an Gymnasien hat mich mehr als fasziniert und mein Bestreben, selbst Lehrer zu werden, bestärkt.

4. Ergebnisse der Erkundung

4.1 Beobachtung

In meinen Grundpraktikum gab es so gut wie keine größeren Ereignisse. Jedoch interessierte mich eine Begebenheit während des Lateinunterrichts bei Herrn M.

Die Schüler sollten Referate zu einem bestimmten Thema des momentanen Lateinunterrichts halten. Dies sollte den Schülerrinnen und Schülern die Möglichkeit geben, ihre Endnoten aufzubessern. Eine Schülerin machte während des Vortrags in Bezug auf historische Fakten einige Fehler und wurde deswegen von Herrn M ausgelacht. Dadurch wurde die Schülerin verunsichert und verlor jegliche Motivation an den darauffolgenden Unterrichtsstunden. Dass Schüler gewisse Fehler machen ist natürlich normal im Schulalltag, aber dass Herr M das Mädchen ausgelacht hat war doch sehr untypisch, vor allem für einen Lehrer.

4.2 Konkrete Beobachtungsbeschreibung

Ich wurde von Herrn M darum gebeten, ihm bei der Bewertung der Vorträge zu assistieren, indem ich ihm meine Beobachtungen mitteilte. Das Mädchen, welches im folgenden Text L genannt wird, sollte über Augustus Ermordung referieren. Man merkte von Anfang an, dass sie sehr nervös war. Aus vorherigen Beobachtungen der Klasse war mir aufgefallen, dass sie sich generell sehr zurückzog und extrem unmotiviert am Unterricht teilnahm. Sie fing an über ihr Thema zu reden und machte dabei schon mehrere Fehler, die ihr gelegentliches Kichern von der Klasse einbrachten. Herr M sagte den Schülern, dass sie leise sein sollen, aber das eher selten. Dann kam L zu dem Punkt, an dem es um Augustus letzten Tag ging. Sie sprach davon, wie Augustus in einem Panzer in das Senatorum in Rom fuhr. Herr M fing an zu lachen. Ich konnte mich noch beherrschen nicht zu lachen, da ich das Mädchen nicht verunsichern wollte, aber diese Bedenken schien Herr M nicht zu teilen. Das Mädchen hörte auf zu reden und fragte in einem recht aggressiven Tonfall, was denn so lustig sei. Herr M begann L zu erklären, dass es damals noch keine Panzer gab und erklärte ihr das Konzept eines Brustpanzers. L wurde rot und hielt weiterhin ihren Vortrag, jedoch noch verunsicherter und unmotivierter als vorher. Während der Auswertung des Vortrags beschwerte sich L darüber, dass Herr M lachte. Herr M sagte dazu nur, dass es doch schon ziemlich lustig war. Das Mädchen arbeitete während des folgenden Unterrichts und in den kommenden Stunden noch weniger mit als zuvor und war eindeutig komplett demoralisiert und unmotiviert, weiterhin am Unterricht teilzunehmen.

4.3 Beobachtungsreflektion

Die ganze Situation hat mich persönlich ziemlich geschockt. Meinen Erfahrungen nach und dem, was ich bisher im Studium gelernt habe, sollte ein Lehrer unter keinen Umständen einen Schüler bzw. eine Schülerin auslachen. Tatsächlich war diese Situation auch für mich unangenehm, da ich mich sehr gut in die Schülerin hineinversetzen konnte. Herr Ms gleichgültige Reaktion auf die Beschwerden von L waren umso schockierender. Es ist völlig verständlich, dass das Mädchen keine Lust mehr aufbringen konnte, den Unterricht weiter zu verfolgen und aktiv daran teilzunehmen, wenn doch das Ergebnis eines Fehlers Gelächter der Lehrkraft ist. Ich konnte auch bei den anderen Schülern beobachten, dass Herr Ms Reaktion auf den Fehler von Laura einen bleibenden Effekt hinterließ. Sie waren während ihrer eigenen Referate und in den folgenden Stunden zurückhaltender. Ich habe daraufhin überlegt, was ich gemacht hätte, wäre mir so etwas als Lehrer passiert. Die Schülerin wiederaufzubauen und erneut zum Unterricht zu motivieren ist eine heikle Angelegenheit, die meiner Ansicht nach sofort in Angriff genommen werden muss. Die Lehrkraft versäumte dies jedoch und führte den Unterricht fort, als wäre nichts geschehen. Das warf eine ganze Reihe neuer Fragen auf: Warum entschuldigt er sich nicht? Wie kann man verhindern, dass einem so etwas erneut passiert? Wie kann man der Schülerin helfen, ihr Selbstvertrauen wiederaufzubauen? Wie kann man Schüler dazu bewegen, motiviert am Unterricht teilzunehmen? Diese Fragen waren für mich sehr wichtig, da solche Situationen im Lehreralltag immer wieder auftauchen können.

4.4 Beobachtungsanalyse

Damit Unterricht wirksam ist, sind Motivation und Willenskraft nötig, um die Lernabsichten in Lernaktivitäten umzusetzen (Arnold u.a. 2009, S. 429). Genau diese Motivation aufzubringen ist, wie ich aus eigenen Erfahrungen weiß, für viele Schüler und Schülerinnen oft schwierig. Wie bereits zuvor beschrieben, zeigte die Schülerin bereits vor dem Vortrag wenig Motivation, am Unterricht aktiv teilzunehmen. Die fehlende Lernmotivation der Schülerin ist hierbei „kein stabiles Persönlichkeitsmerkmal" der Schülerin, „sondern das Ergebnis einer Wechselwirkung zwischen Schülermotiven und situativen Anregungsbedingungen des Unterrichts." (Bovet u.a. 2004, S. 274). Das bedeutet, dass verschiedene Faktoren auf die Schülerin einwirken, die zu einer mangelnden Lernmotivation führen.

Das Leistungsmotiv der Schülerin, also das Motiv sich selbst zu verbessern und Leistung zu zeigen (Schneider u.a. 2000, S. 256f), wird hierbei also nicht wirksam. Dieses nicht wirksame Leistungsmotiv kann mehrere Ursachen haben. So könnte der mangelnde Glauben an den Einfluss, den die Vortragsnote auf ihren Gesamtschnitt haben kann, sie dazu bringen, den Vortrag nicht ernst zu nehmen. Andererseits beteiligt sich die Schülerin in keinem anderen Fach motiviert und aktiv am Unterricht, wie ich während des Grundpraktikums beobachten konnte. Das deutet darauf hin, dass die Schülerin keinen Zwang verspürt, gute Noten zu schreiben und Leistungen zu zeigen. Ich nehme an, dass mangelnde Weitsichtigkeit oder familiäre Umstände dafür der Auslöser sein könnten.

Eine weitere „motivationale Grundlage für Lernen ist" der Spaß an den Unterrichtsinhalten und das Interesse für „den Lerngegenstand oder ein Unterrichtsfach" (Arnold u.a. 2009, S. 429 - 430). Das Verhalten der Schülerin deutet darauf hin, dass sie keine Freude am Halten eines Vortrags hat. Ich habe selbst während einer Pause mitbekommen, wie sie darum gebeten hat, den Vortrag abgeben zu können oder diesen nur vor Herrn M während der Pause halten zu dürfen. Dies zeigte mir, dass die Schülerin sich nicht dabei wohlfühlt vor einer Menschengruppe zu reden und der aus dem Zwang vor der Klasse zu reden entstandene Mangel an Spaß am Unterrichtsinhalt führte zu einem Mangel an Motivation.

Dem Model von Hein Heckhausen nach wird die Lernmotivation auch durch das soziale Umfeld der Schülerinnen und Schüler beeinflusst (Bovet u.a. 2004, S. 274). Während meiner Zeit in der Klasse der Schülerin ist mir aufgefallen, dass ihre Banknachbarin ein ähnliches Verhaltensmuster aufzeigt, wie die oben genannte Schülerin selbst. Das zeigt eine gewisse

Dynamik zwischen Beiden auf, bei der sie sich gegenseitig beeinflussen. Auch die Banknachbarin der Schülerin zeigte keine Motivation während des Unterrichts und während des Vortrags. Ich nehme an, dass beide Schülerinnen auf die Lernmotivation der jeweils anderen Einfluss nehmen.

Wie kann man als Lehrer nun die Lernmotivation wiederherstellen und die Schülerin dazu bringen, motiviert und aktiv am Unterricht teilzunehmen? Erstmal muss „ein entspanntes, angstfreies Lernklima" (Bovet u.a. 2004, S. 278) geschaffen werden. Die Schülerin muss sich wohlfühlen, damit sie Spaß am Unterricht finden kann und so ihre Lernmotivation wiederhergestellt werden kann. Fortführend sollte der negative Einfluss auf die Lernmotivation der Schülerin aus ihrem sozialen Umfeld verändert werden. Herr M hat dies durchgeführt und beide Schülerinnen neben neue Banknachbarn gesetzt, die mehr Lernmotivation besitzen und so auch einen positiven Einfluss auf die Lernmotivation der Schülerinnen haben können.

Des Weiteren sollte das Leistungsmotiv der Schülerin wieder wirksam werden. Man könnte das erreichen, indem man ihr ein realistisches Anspruchsniveau und Erfolgserfahrungen vermittelt (Arnold u.a. 2009, S. 430), ihr also zeigt, was ihre Leistungen bewirken können. Aus eigener Erfahrung und einem Gespräch mit Herrn Mü weiß ich, dass der Notendurchschnitt immer nur kurz vor dem Ende des Schulhalbjahres besprochen wird. Die Schüler können sich daher kein wirkliches Bild von den Auswirkungen ihrer Leistungen machen. Die Frequenz der Notenbesprechung zu erhöhen, würde den Schülern helfen sich ein eindeutiges Bild von ihren Leistungen und deren Auswirkungen zu machen.

Um die Lernmotivation und Lernbereitschaft der Schülerin und aller anderen Klassenmitglieder zu erhöhen, kann der Lehrer auch die Schüler für ihre Leistungen loben (Bovet u.a. 2004, S. 285). Dieses Motivationsmittel, welches von allen Motivationsmitteln „am leichtesten anzuwenden" (Bovet u. a. 2004, S. 285) ist, wurde während meiner Grundpraktikumszeit von den wenigsten Lehrern aktiv angewandt. Natürlich ist es schwierig, Lob in einem angemessenen und effektiven Rahmen einzusetzen (Bovet u.a. 2004, S. 285), jedoch kann Lob zu einem verbesserten Lernklima und einer erhöhten Lernmotivation führen (Bovet u.a. 2004, S. 285).

Abschließend lässt sich sagen, dass Lehrkräfte eine Vielzahl an Möglichkeiten haben ihre Schülerinnen und Schüler dazu zu bringen, motiviert und aktiv am Unterricht teilzunehmen. Die korrekte und konsequente Anwendung dieser Möglichkeiten stellt hierbei eine Herausforderung dar. Jedes Kind ist einzigartig und reagiert anders auf diese Möglichkeiten.

Den richtigen Weg zu finden, um zu den Kindern durchzudringen, ist schwierig, trägt aber zu einem positiven Lernklima bei.

5. Schlussbemerkung

Ich habe das Praktikum mit dem Ziel begonnen, mehr über den Lehrerberuf zu erfahren. Ich wollte meine eigene Berufswahl reflektieren und sicherstellen, dass es die richtige Entscheidung war. Durch das Praktikum habe ich sehr viel über den Lehrerberuf erfahren und konnte einen Perspektivwechsel durchführen, der ohne das Grundpraktikum wohl nicht möglich gewesen wäre. Zu sehen, wie Lehrer wirklich arbeiten und wie sie mit Kindern in verschiedenen Altersgruppen umgehen, hat meinen Horizont und mein Verständnis des Berufes ungemein erweitert. Ich verstehe nun, wie komplex die Arbeit einer Lehrkraft eigentlich ist.

Es hat mir unglaubliche Freude bereitet, meine alte Schule einmal aus einem anderen Blickwinkel zu sehen und mit bekannten Lehrkräften zusammenzuarbeiten. Ich bin sehr froh diese Erfahrung gemacht zu haben und ich freue mich darauf, ein neues Praktikum zu beginnen. Mein persönlich bester Moment des Praktikums war natürlich die erste eigene Unterrichtsstunde. Den Perspektivwechsel vom Schüler zum Beobachter und zum Lehrer durchzuführen war eine interessante Erfahrung und hat mir gezeigt, wie viel Spaß der Lehrberuf machen kann, aber die Unterrichtsstunde hat mir auch gezeigt, an was ich selber noch zu arbeiten habe. Die Faszination der jüngeren Schülerinnen und Schüler und den Respekt der älteren Schülerinnen und Schüler mir gegenüber werde ich nie vergessen, da sie mich tatsächlich überrascht haben.

Praktika sind für mich eine Möglichkeit, mehr über sich selbst, die eigene Berufswahl und seine Mitmenschen zu erfahren und dieses Grundpraktikum hat alle meine Erwartungen erfüllt.

6. Literaturverzeichnis

Arnold K./ Sandfuchs U./ Wiechmann J. (Hrsg.) (2009): Handbuch Unterricht. 2., aktualisierte Aufl. Bad Heilbrunn: Klinkhardt.

Bovet G./ Huwendiek V./ Abele U. (Hrsg.) (2004): Leitfaden Schulpraxis: Pädagogik und Psychologie für den Lehrberuf. 4., komplett überarb. Aufl. Berlin: Cornelsen.

Schneider K./ Schmalt H./ Schneider K./ Schmalt H. (2000): Motivation. 3., überarb. und erw. Aufl. Stuttgart: Kohlhammer.

BEI GRIN MACHT SICH IHR
WISSEN BEZAHLT

- Wir veröffentlichen Ihre Hausarbeit,
  Bachelor- und Masterarbeit

- Ihr eigenes eBook und Buch -
  weltweit in allen wichtigen Shops

- Verdienen Sie an jedem Verkauf

Jetzt bei www.GRIN.com hochladen
und kostenlos publizieren